Hans-Jürgen Hufeisen

Wie ist die Welt so stille

Die heilende Kraft der Abendlieder

Inhalt

Einladung

Für Dorothee !

31. Mai 2019

Abendstille ist ein Ort des Klanges. Wenn ich ganz anwesend bin, sage ich zu mir: Hier ist mein Ort, mein Platz, an dem ich eins werde mit mir. Ich brauche nichts tun, nur zu sein und dem großen Sternentanz der Nacht zuzuschauen. Ich bin aufgehoben in der Ruhe der Nacht, gehalten oben am Himmel und unten auf der Erde. Ich übe mich ein in das Kommen und Vergehen des Lebens. So wird der Abend zum Bild für das Leben, für den Abend des Lebens, für das Loslassen des Tages, für das Verweilen zwischen Wachen und Schlafen, für das Dasein in Licht und Dunkelheit, um Kraft zu sammeln für den kommenden Tag. In den Worten und Klängen zum Abend und zur Nacht finde ich stets Heilsames, wie ein Segen, der sich auf unsere Seele legt.

Da klingen die Wahrnehmung von Sonne, Mond und Sternen und das Lebensgefühl in den verschiedenen Jahreszeiten zusammen und werden zur inneren Feier. Das christliche Erbe ist reich an Gesängen, an Liedern und Liturgien. Darin mag ein großes Geheimnis liegen. Ein Geheimnis, das sich nur im Tun, im Musizieren und Hören offenbart. Volkslieder und geistliche Lieder sind Kulturgut der Völker. Sie tragen in sich die Bilder der Vergangenheit und eine Ahnung von Ewigkeit. Im gesungenen Text erhöht sich der Augenblick und lässt Zeit und Raum vergessen. Im Gesang öffnet sich die Seele für eine andere Welt, eine kosmische Weite, die im gesprochenen Wort nie zu finden wäre. Zugleich befreit das Singen die Seele, wie die eines göttlichen Kindes in uns. Wer Lieder singt, entdeckt die heilende Kraft in sich selbst.

Die Musik führt zu einer Sinfonie der Stille. Mit den Melodiemeditationen zu bekannten Liedern des Abends erinnere ich an die alte Weisheit, dass der neue Tag aus der Ruhe der Nacht wächst.

O göttliches Wesen, du Hüter der Nacht,
borg mir dein Licht, damit das Dunkel bricht.

O strahlender Bote, du Freund des Lichts,
weise als Stern mir den Weg,
erhelle die Felsen, bescheine die See.

O schützender Geist, du himmlische Macht,
leite das Schiff durch die Wellen der Nacht.

O göttliches Wesen, du Hüter der Nacht,
borg mir dein Licht, damit das Dunkel bricht.

Sternengesang

WEISST DU, WIE VIEL STERNLEIN STEHEN

WEISST DU, WIE VIEL STERNLEIN STEHEN

Weißt du, wie viel Sternlein stehen
an dem blauen Himmelszelt?
Weißt du, wie viel Wolken gehen
weithin über alle Welt?
Gott, der Herr, hat sie gezählet,
dass ihm auch nicht eines fehlet
an der ganzen großen Zahl.

Weißt du, wie viel Mücklein spielen
in der heißen Sonnenglut,
wie viel Fischlein auch sich kühlen
in der hellen Wasserflut?
Gott, der Herr, rief sie mit Namen,
dass sie all ins Leben kamen,
dass sie nun so fröhlich sind.

Weißt du, wie viel Kinder frühe
stehn aus ihrem Bettlein auf,
dass sie ohne Sorg und Mühe
fröhlich sind im Tageslauf?
Gott im Himmel hat an allen
seine Lust, sein Wohlgefallen;
kennt auch dich und hat dich lieb.

Text: Wilhelm Hey (1789–1854)
Weise: Volkslied

Unter dem wandernden Gestirn zu ruhen ist eines der eindrücklichsten Erlebnisse in der Wüste. Als ich in der Wüste war, erklang an den Abenden meine Flöte in den Felsen: »Weißt du, wie viel Sternlein stehen an dem blauen Himmelszelt? Weißt du, wie viel Wolken gehen weithin über alle Welt? Gott der Herr hat sie gezählet, dass ihm auch nicht eines fehlet an der ganzen großen Zahl, an der ganzen großen Zahl.« Oft vermehrten sich die Töne in den Spalten der Felsen und in den Höhen der Berge. Das Echo im Hall der Töne traf auf mein Flötenspiel, als wollte die Nacht mit mir im Duett auftreten, als wollte der Sternenhimmel mit seiner Musik mit mir zusammen spielen.

Jedes Mal wieder bin ich überwältigt von dem großen Himmelsschauspiel über der Wüste. Es scheint, als drehe sich der Sternenhimmel über mir, unendlich und immer weiter. Ich fühle mich wie der Mittelpunkt, um den alles kreist. Es tut gut, unter dem klaren Dach voller Lichtertänze wachend zu ruhen. Ich kann zu mir sagen: Hier ist mein Ort, mein Platz, an dem ich ganz zu mir komme. Ich brauche nichts zu tun, nur zu sein und dem großen Sternentanz zuzuschauen. So bin ich aufgehoben für die Ruhe der Nacht, gehalten oben am Himmel und unten auf der Erde.

Das wünsche ich dir:
Wenn es dunkel wird über dem Land,
deine Stirn dem Gestirn zugewandt,
ein Stern den Weg dir weist:
Glanz über dein Geschick und Freude
für einen unendlichen Augenblick.

Was gibt es Schöneres, als in der Wüste unter klarem Sternenhimmel zu liegen. Nur so lässt sich das Wunder der großen Bewegung am Himmel verfolgen, der sinfonische Tanz der Sterne. »Die vollkommenste Musik entsteht durch die Bewegung der Sterne«, schrieb *Johannes Kepler*. Es ist die Musik der Sphären. Ich kann sie nicht anfassen und auch nicht hören, jedoch »schauen«, so der Mystiker *Rumi*. Immer dann, wenn ich in der Wüste dem Sternentanz folge, höre ich in mir zugleich die Musik, die den großen Tanz der Welt begleitet. Die Musik des Himmels hat mit der Musik der Stille eines gemeinsam: das lautlose Lied – ohne Worte. Das Lautlose, die himmlische Musik, erfahren wir nur in uns selbst, wenn wir unsere Herzenstür dafür öffnen. Die Sinfonie der Stille wird einkehren und sich in mir ausbreiten. Der Himmel nimmt Platz! »Der Himmel in mir«, das ist die Stimme des göttlichen Kindes in mir. Wenn sich die Sonne am Morgen wieder erhebt und die Welt aus dem Schlaf erwacht, dann erwacht zugleich die göttliche Kraft in mir, die Liebe zu allem.

An einem frühen klaren Abend fasziniert ein Stern im Westen, der besonders hell ist: der Abendstern, die Venus. Und das Wunder in der frühen Stunde eines Morgens ist, dass derselbe Stern im Osten erscheint, den wir als Morgenstern besingen. Während wir schlafen, ereignet sich die Wendung vom Abend- zum Morgenstern. Es ist derselbe Stern, aber die entgegengesetzte Himmelsrichtung. Damit wir den Abendstern als Morgenstern sehen können, müssen wir uns wenden. In dieser Wendung, so scheint es, lässt sich etwas von Zukunft erahnen, von Befreiung aus der Dunkelheit, vom Einfall des Lichts über unserem Ort und unserem Weg. In dieser Wendung, dem unendlichen Rondotanz von Untergang und Aufgang eines Sterns, berühren wir ein Stück der Ewigkeit. Darin wächst eine Ahnung, die mich in eine andere Welt hinüberreichen lässt.

Du schöner Abendstern,
du Bote des Himmels,
Heilkraft von fern,
sende deinen Glanz
in all meine Räume
und in all meine Träume.
Gesegnet sei die Nacht.

Du heller Morgenstern,
du Himmelsbote,
Lichtglanz von fern,
sende deine Strahlen,
dass sie uns bewegen
auf all unsren Wegen.
Gesegnet sei der Tag.

Mond

DER MOND IST AUFGEGANGEN

DER MOND IST AUFGEGANGEN

Der Mond ist aufgegangen,
die goldnen Sternlein prangen
am Himmel hell und klar;
der Wald steht schwarz und schweiget,
und aus den Wiesen steiget
der weiße Nebel wunderbar.

Wie ist die Welt so stille
und in der Dämmrung Hülle
so traulich und so hold!
Als eine stille Kammer,
wo ihr des Tages Jammer
verschlafen und vergessen sollt.

Seht ihr den Mond dort stehen?
Er ist nur halb zu sehen
und ist doch rund und schön!
So sind wohl manche Sachen,
die wir getrost belachen,
weil unsre Augen sie nicht sehn.

Wir stolze Menschenkinder
sind eitel arme Sünder
und wissen gar nicht viel;
wir spinnen Luftgespinste
und suchen viele Künste
und kommen weiter von dem Ziel.

Gott, lass uns dein Heil schauen,
auf nichts Vergänglichs trauen,
nicht Eitelkeit uns freun!
Lass uns einfältig werden
und vor dir hier auf Erden
wie Kinder fromm und fröhlich sein!

Wollst endlich sonder Grämen
aus dieser Welt uns nehmen
durch einen sanften Tod!
Und, wenn du uns genommen,
lass uns in Himmel kommen,
du unser Herr und unser Gott!

So legt euch denn, ihr Brüder,
in Gottes Namen nieder;
kalt ist der Abendhauch.
Verschon uns, Gott! mit Strafen
und lass uns ruhig schlafen
und unsern kranken Nachbar auch!

Text: Matthias Claudius (1740–1815)
Weise: Johann Adam Peter Schulz (1790)

»Der Mond ist aufgegangen« ist das wohl bekannteste deutsche Abendlied. Mit ihm bezog sich *Matthias Claudius* auf *Paul Gerhardts* Lied »Nun ruhen alle Wälder«, von dem er den Rhythmus der Strophen übernommen hat. Die erste Strophe fasziniert mit der Sprache des Lichts: hell, klar, golden – so erscheint der Himmel, die nächtliche Erde dagegen schwarz. Vom »Jammer« des Tages wird später im Lied die Rede sein. Nicht die untergehende Sonne wird besungen, sondern der aufgehende Mond, das Licht im Dunkel, eine selige Stille, die sich über die Welt breitet, den Wald und die Wiesen. »Wie ist die Welt so stille ...«. Ja, auch heute gibt es die Stille der Nacht, selbst in einer Großstadt. Im zweiten Teil des Liedes wandert der Blick nicht zum Wald und zur Wiese und zum Nebel, sondern zum Menschen und zu Gott. Überraschend erhält die friedliche Abendstimmung in der letzten Strophe etwas Bedrohliches: »Kalt ist der Abendhauch ...«. Die Kälte der Nacht erreicht das Herz, das sich im Dunkel nach oben, zum Himmel richtet, wie es in der fünften Strophe heißt: »Gott, lass uns dein Heil schauen«.

Ich erinnere mich sehr gut daran, wie ich das erste Mal als Kind die Melodie vom Mond auf der Flöte spielte. Dunkel und geheimnisvoll erschien der Klang der Töne. Wehmut machte sich breit. Mich fesselte am meisten die Strophe »Seht ihr den Mond dort stehen ...« Zum ersten Mal begriff ich, dass der Mond nicht immer zu sehen – aber immer da ist: die unbeleuchtete Seite des Mondes. Das, was wir nicht sehen, ist immer Gegenwart.

Es war an einem frühen Abend, als ich das Bethaus betrat, ein kleines Haus aus Stein mit einer offenen Tür zum Westen und einem kleinen Fenster zum Osten hin: das *Gallarus-Oratorium* in Irland. Der Inspiration eines frühen Baumeisters aus dem achten Jahrhundert verdanken wir es, dass das kleine Gebetshaus aussieht wie ein umgekehrter Bootsrumpf, als ob das Schiff in den Gewässern des Himmels führe. Die kleine Kapelle ist aus unbehauenen Steinen erbaut. Obwohl sie ganz ohne Mörtel gebaut ist, hat kein Wassertropfen je das Dach durchdringen können. Das Bethaus ist etwa acht Meter lang, fünf Meter breit und hoch. Beleuchtet wird die Kirche nur durch das Sonnenlicht am Tag, das durch den Eingang und das kleine Fenster eindringt, oder durch den Mondschein in der Nacht. Es steht auf einer grünen Anhöhe auf der paradiesisch wirkenden Dingle-Halbinsel mit Blick auf das Meer, beschützt vom hohen Berg des heiligen Brendan.

Die Abendsonne schickte ihre Strahlen durch die schmale Tür. Mir war sofort klar, dass das gegenüberliegende kleine, immer offene Fenster zum Osten ausgerichtet sein musste. Die meisten christlichen Kirchen im Abendland haben von alters her ihren Chorraum zum Morgen orientiert, dem Orient zugewandt. Im Abendlicht erhielt der Raum eine geheimnisvolle, andächtige Stimmung. Als die Sonne im Meer untertauchte, stimmte ich mit meiner Flöte die vier Lieder der Erzengel an. Der kleine Raum nahm die Melodien auf und trug sie nach draußen zu den Feldern, Bergen und Seen. Wie der sanfte Sonnenstrahl sollte sich der Klang der Flöte wie ein Segen über sie legen. So muss es wohl gewesen sein, als die Gebete der Mönche und ihre Gesänge vor langer Zeit von dieser Kammer ausgingen. Von innen heraus erklangen ihre Bitten für die ganze Welt und gingen als Boten ihren Weg. Und der Mond schaute zu.

Gesegnet bist du am Himmel,
ich richte die Augen zu dir,
um dich wiederzusehen,
um den Neumond zu erleben.
Die Kraft deines Lichtes
leuchtet in mir im Dunkel der Zeit.
Zwischen Vollmond und Neumond
sind viele hinübergegangen,
doch ich wache noch immer
auf dieser Erde.
Gesegnet bist du am Himmel,
Mond des Segens.

Nach einem druidischen Segen

Ruhe

NUN RUHEN ALLE WÄLDER

NUN RUHEN ALLE WÄLDER

Nun ruhen alle Wälder,
Vieh, Menschen, Städt und Felder,
es schläft die ganze Welt;
ihr aber, meine Sinnen,
auf, auf, ihr sollt beginnen,
was eurem Schöpfer wohlgefällt.

Wo bist du, Sonne, blieben?
Die Nacht hat dich vertrieben,
die Nacht, des Tages Feind.
Fahr hin; ein andre Sonne,
mein Jesus, meine Wonne,
gar hell in meinem Herzen scheint.

Der Tag ist nun vergangen,
die güldnen Sternlein prangen
am blauen Himmelssaal;
also werd ich auch stehen,
wenn mich wird heißen gehen
mein Gott aus diesem Jammertal.

Der Leib eilt nun zur Ruhe,
legt ab das Kleid und Schuhe,
das Bild der Sterblichkeit;
die zieh ich aus, dagegen
wird Christus mir anlegen
den Rock der Ehr und Herrlichkeit.

Das Haupt, die Füß und Hände
sind froh, dass nun zum Ende
die Arbeit kommen sei.
Herz, freu dich, du sollst werden
vom Elend dieser Erden
und von der Sünden Arbeit frei.

Nun geht, ihr matten Glieder,
geht hin und legt euch nieder,
der Betten ihr begehrt.
Es kommen Stund und Zeiten,
da man euch wird bereiten
zur Ruh ein Bettlein in der Erd.

Mein Augen stehn verdrossen,
im Nu sind sie geschlossen.
Wo bleibt dann Leib und Seel?
Nimm sie zu deinen Gnaden,
sei gut für allen Schaden,
du Aug und Wächter Israel'.

Breit aus die Flügel beide,
o Jesu, meine Freude,
und nimm dein Küchlein ein.
Will Satan mich verschlingen,
so lass die Englein singen:
»Dies Kind soll unverletzet sein.«

Auch euch, ihr meine Lieben,
soll heute nicht betrüben
kein Unfall noch Gefahr.
Gott lass euch selig schlafen,
stell euch die güldnen Waffen
ums Bett und seiner Engel Schar.

Worte: Paul Gerhardt (1607–1676)
Weise: Heinrich Isaac (1495)

In meinen Konzerten gehe ich um das Publikum und spiele: »Breit aus die Flügel beide ...« Meine Musik möge sich ausbreiten wie die Flügel eines Engels, die sich um die Erde legen. *Rainer Maria Rilke* spricht im ersten seiner »Sonette an Orpheus« von einem »Tempel im Gehör«. In diesem Tempel wohnt Reinheit. Wenn ich das Gehör als Tempel betrachte, dann ist darin Heiliges verborgen, Unantastbares, eine göttliche Welt. Im Hören wohnt ein Geheimnis, eine Heimat. Die Augen können wir verschließen, die Ohren niemals. Stille *ist*, aber Ruhe müssen wir aktiv tun. Die Schöpfungsgeschichte der Bibel beschreibt den siebten Tag als Tag der Ruhe. Sie ist nicht einfach da, sondern Gott erschuf die Ruhe. Ruhe verlangt von uns, dass wir unsere Energie loslassen, dass wir uns einschwingen in ihren Rhythmus. Wir sind zeitlebens Hörende. Mit dem Ohr lernt jedes neugeborene Kind die Stimme der Mutter zu hören. Schon im Mutterleib sind die Herztöne der Mutter wie der Klang einer Urwelt, tief klingend und stetig, der Rhythmus des Lebens, jenseits der danach kommenden Welt. Vielleicht ist die Sehnsucht nach Ruhe und Stille in einem Tempel vergleichbar mit dem Klang dieser Urwelt im Mutterleib. Wenn unsere Seele hört, gehören wir ganz dem, was wir hören.

Ein Melodiebogen, der nach oben geführt wird, verleiht der Freude Ausdruck. Wenn ein Ton sinkt, nähert er sich der Ruhe und steht vor der Stille. »Die Ursache hiervon ist ganz natürlich. Denn in der Tiefe wird ein Ton durch eine langsame Bewegung hervorgebracht, in der Höhe durch eine beschleunigte. In der Tiefe wird die Stimme schlaffer und in der Höhe lebhafter. So wird auch der Geist in allen seinen Verrichtungen in der Trauer schlaff, in der Heiterkeit lebt er auf und wird beweglich.«

Johannes Kepler, Weltharmonik

EINATMEN – AUSATMEN –RUHE

Ich sitze in der hinteren Bankreihe einer romanischen Kirche. Vor mir erheben sich große Arkaden, von hohen Säulen gestützt. Ihre Bögen gleichen einer immerwährenden anmutigen Verbeugung. Ich folge mit meinen Augen den ruhenden Bewegungen. Die Bögen heben sich, senken sich und ruhen. Immer wieder. Wie eine Melodie, die sich fortsetzt. Nach einer Weile mache ich es ihnen nach. Wenn ich dem ansteigenden Bogen folge, atme ich ein. Bei der Abwärtsbewegung atme ich aus; und wird der Bogen gestützt, ruht mein Atem. Ich vollziehe das so lange, bis ich beim letzten Bogen ankomme. Nun nehme ich die Flöte, und aus mir heraus klingt eine neue Musik. Meine Töne werden von dem Einatmen, dem Ausatmen und dem Ruhen getragen. Die Melodiebögen steigen, senken sich und haben Pause.

Der Atem ist für alles Musizieren der Anfang. Das Spiel mit der Flöte ist ein Spiel mit der Luft, das meiner Seele eine hörbare Gestalt verleiht. Vielmehr noch, meine innere Stimmung darf einen Platz im Raum des Schwingens finden. Im Element der Luft wird meine Melodie in die Weite des Raumes getragen, und hier tauche ich ein in das Geheimnis des Schwebens, des Traumes, der Freiheit und der Inspiration. Mag jeder Ton auch vergänglich und einmalig sein, so verbindet er sich doch mit all den Tönen um mich herum zu einer größeren Bewegung von Raum und Zeit, zu einem »Reigen von Werden und Vergehen und Neuwerden«. Die Bewegung der Erde, zusammen mit dem Tanz unzähliger Sterne am Himmel, ist eine einzige große Sinfonie, eine »Harmonie der Sphären«, eine »himmlische Musik«, die Botschafterin einer anderen Welt.

Traum

ICH HAB DIE NACHT GETRÄUMET

ICH HAB DIE NACHT GETRÄUMET

Ich hab die Nacht geträumet
wohl einen schweren Traum,
es wuchs in meinem Garten
ein Rosmarienbaum.

Ein Kirchhof war der Garten,
ein Blumenbeet das Grab,
und von dem grünen Baume
fiel Kron und Blüte ab.

Die Blüten tät ich sammeln
in einen goldnen Krug,
der fiel mir aus den Händen,
dass er in Stücken schlug.

Draus sah ich Perlen rinnen
und Tröpflein rosenrot:
Was mag der Traum bedeuten?
Ach Liebster, bist du tot?

Worte: vermutlich August Zarneck (1777–1827)
Weise: vor 1775

Meine Mutter muss das Hotel, in dem sie mich zur Welt brachte, nach der Geburt verlassen haben. Und damit mein Geschrei nach dem ersten Atemzug im Hotel nicht zu hören war, umhüllte eine Decke meinen ganzen Körper, so hat man es mir erzählt. Dunkel, fast wie eine schwarze Hülle, und eine kalte Stille umgaben den Raum. Wie lange ich in dieser Dunkelheit lag, kann ich nicht sagen. Vielleicht waren es Stunden, vielleicht auch zwei Tage. Irgendwann sah ich ein ganz klares Licht auf mich zukommen. Das helle Leuchten nahm mich auf und hüllte mich sanft in eine Decke. Eine Tür öffnete sich, und das Licht trug mich aus diesem Dunkel heraus. Lange Zeit träumte ich als Kind von schwarzen Bildern und dunklen Gesichtern. Erst als ich viele Jahre später erfuhr, was in meiner Geburtsnacht geschehen war und wie ich als Säugling gerettet wurde, verschwand allmählich das Dunkel aus meinen Träumen. Licht und Freude nahmen in meinen Träumen von nun an mehr Platz ein. Heute weiß ich – so habe ich es in einem Liedvers geschrieben: *Die Hoffnung hat Raum / Sorgen fassen / Sorgen entlassen / traue dem Traum*. In der letzten Strophe des Liedes wird eine Verwandlung beschrieben: Die Blüten werden zu Perlen. Jedes Mal, wenn ich das Lied vom Rosmarienbaum höre oder spiele, werde ich an mein Leben erinnert: Ich denke, dass das Flötenspiel mir das Leben gerettet hat, es war für mich wie eine Selbstheilung. Der Atem, der mir bei der Geburt fast genommen worden wäre, ist mir zum Segen geworden. Die Flöte hat meine Wunden in Perlen verwandelt.

Es gibt schlimme Träume und gute Träume. Das Lebensthema jedes Traums ist Verwandlung. In allen alten Kulturen gilt der Traum als Zeichen, auch in der Bibel kann er zum Boten Gottes werden, zum Zeichen und Wegweiser.

In der biblischen Erzählung verlässt Jakob seine Familie, nachdem er seinen Bruder Esau um den Segen des Vaters betrogen hat. Er fürchtet Rache und ist auf der Flucht. Unterwegs muss er im Freien schlafen und träumt von einer Leiter, die bis in den Himmel reicht. »Siehe, eine Treppe stand auf der Erde, ihre Spitze reichte bis zum Himmel. Und siehe: Auf ihr stiegen Engel Gottes auf und nieder.« Die Engel kommen nicht aus dem Himmel herab, sondern sie beginnen von unten aus zum Himmel zu steigen.

Wenn ich den Himmel berühren möchte, dann muss ich auf dieser Erde beginnen.

Jahre später werden sich die Brüder wieder begegnen und Jakob wird die Versöhnung des betrogenen Esau suchen. In der Nacht vor dem Treffen wacht er allein und wird in einen Zweikampf mit einem Engel verwickelt: »Ich lasse dich nicht, du segnest mich denn.« Aus dem ergaunerten Segen wird ein errungener Segen.

Wenn ich den Himmel berühren möchte, dann muss ich auf dieser Erde beginnen.

Möge deine Seele sein wie ein stiller See,
rein und glatt und tief und klar.
Möge darauf das Licht der Sonne blinken
für des Tages Lebenskraft.
Möge sich darin das Abendrot des Himmels widerspiegeln,
vor Gottes Schönheit neige sich dein Herz.
Möge sich darin der Glanz der Sterne finden,
Gottes Geist in deinem Geist.
Möge sich daraus dein Traum erheben
als des Himmels Leuchten tief in dir.

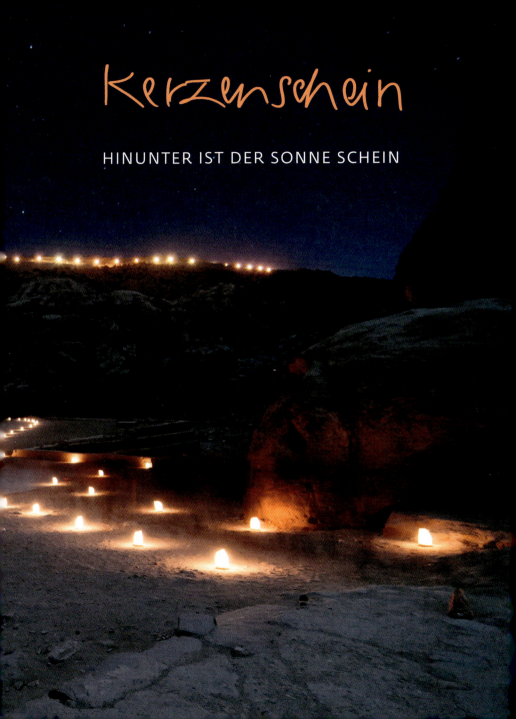

HINUNTER IST DER SONNE SCHEIN

Hinunter ist der Sonne Schein,
die finstre Nacht bricht stark herein;
leucht uns, Herr Christ, du wahres Licht,
lass uns im Finstern tappen nicht.

Dir sei Dank, dass du uns den Tag
vor Schaden, G'fahr und mancher Plag
durch deine Engel hast behüt'
aus Gnad und väterlicher Güt.

Womit wir heut erzürnet dich,
dasselb verzeih uns gnädiglich
und rechn es unsrer Seel nicht zu;
lass schlafen uns mit Fried und Ruh.

Dein Engel uns zur Wach bestell,
dass uns der böse Feind nicht fäll.
Vor Schrecken, Angst und Feuersnot
behüte uns, o lieber Gott.

Worte: Nikolaus Herman (1480–1561)
Weise: Melchior Vulpius 1609

Segen sei mit dir, der Segen des Lichtes,
Licht um dich her und innen in deinem Herzen.
Möge die Freude aus deinen Augen strahlen
wie brennende Kerzen,
die in zwei Fenstern einer Hütte stehen
und einen Wanderer am Abend einladen,
dein Gast zu sein.

Es ist ein besonderes Licht, das Kerzenlicht. Mit seinem Schein verbinden wir Heimat und Geborgenheit. Erinnerungen an Feste und Feierlichkeiten werden wach. Für meine Bühnenwerke musste ich lernen, wie man mit Licht umgeht. So sagte mir einmal ein Regisseur: »Nimm nur eine Kerze und stell sie auf die dunkle Bühne. Mehr brauchst du nicht, um den Raum zu erhellen. Du entdeckst die Schatten im Raum. Spiele darin und damit.«

Jesus wird ein Wort zugeschrieben, das in der islamischen Welt bis weit nach Indien verbreitet ist: »Die Welt ist eine Brücke. Geht über sie, aber baut kein Haus darauf.« Nur eine Kerze reicht, um Licht und Schatten zu schaffen. In den Kirchen setzen wir mit der Kerze ein Licht für Menschen, an die wir denken. Auf Friedhöfen entzünden wir das ewige Licht, das Licht für unsere Ahnen. Das Licht möge auch in dunklen Zeiten wie ein Hoffnungsschimmer leuchten.

Es war in der jordanischen Wüste. In jener Nacht brach ich auf, nahm eine Kerze mit und wanderte unter den Sternen durch Sand und Geröll zu einem Felsplateau. Ich war umgeben von einer vollkommenen Ruhe und Windstille, die nur die Wüste zu kennen scheint. Nur eine schmale Mondsichel, die lautlos über den Himmel glitt wie ein Schiff auf nächtlicher See, schenkte mir genügend Licht für meinen Weg. Der Weg war nur durch Konturen aus Licht und Schatten erkennbar. Auf dem Plateau angekommen, setzte ich mich und entzündete meine Kerze, lauschte auf die Töne zwischen der irdischen Stille und der kaum wahrnehmbar langsamen Bewegung der Sterne. Ich sah: »Gehen nach der Weisung der Sterne« bedeutet: »seinen Karren an einen Stern zu binden«, wie *Leonardo da Vinci* schreibt, die eigenen Schatten- und Lichtseiten annehmen. »Gehen nach der Weisung der Sterne« heißt, die Zeit – meine äußere und meine innere Uhr - zu würdigen. Die Gestirne gehen ihre Bahn in genauen Zeiten, in vier Jahreszeiten, in Mondphasen, in Morgen und Abend. Wir können eine ganze Zeitlang gehen, als gebe es diese Uhr nicht. Doch sind jene besonderen Augenblicke nötig, Stunden der Stille, in denen ich die Sterne gehen höre, als hörte ich den Herzschlag der Welt.

Tief versunken
in Gedanken an meine Ahnen,
schaue ich ihre Werke,
die in mir erwachen,
Bilder, vor langer Zeit
in mich eingewebt.

Häufig, wenn ich das Kerzenlicht schaue, erinnere ich mich an Jordanien, an eine Begegnung in der Felsenstadt Petra. An einem frühen Abend bot mir mein beduinischer Begleiter in einem Tempelraum einen Platz an. Er bat mich, für ihn und seine Ahnen eine Musik zu spielen. Ich war überrascht. Darauf war ich nicht vorbereitet. Mein Freund fing an zu erzählen; bei den Wüstenvölkern des Orients hat das Erzählen eine tiefe Tradition. Auch er verstand sich in dieser Kunst, es war seine Geschichte, es waren seine Erlebnisse und Bilder, die er mir auslegte und malte: wie er als Kind in den alten Mauern der Ruinenstadt spielte, wie er als Polizeichef in Petra wirkte und wie er heutzutage seine Stadt vielen Menschen zeigen möchte. An diesem Abend war es ihm besonders wichtig, sich an seine Ahnen zu erinnern – an einem feierlichen Ort wie diesem und mit einer rituellen Handlung. Er breitete einen Teppich aus, auf dem er eine kostbare, mit Intarsien geschmückte Schatulle öffnete. Darin lag reinster Weihrauch aus Südarabien. Eine Kerze wurde in die Mitte gestellt, der Weihrauch entzündet. Und so ließ ich meine Flöte erklingen. Ich spielte ein mir bekanntes Abendlied – innerlich mit den Worten: Hinunter ist der Sonne Schein …

Ich zünde das Feuer an
im Beisein der heiligen Engel.
Ich zünde das Feuer an
ohne Groll und böse Gedanken,
ohne Hass und Verachtung
für alles, was unter der Sonne lebt,
und mit dem Wunsch:
Gott, zünde in mir die Funken der Liebe an
für meinen Nachbarn und für meine Verwandten,
für Feind und Freund,
für die Mutigen und nicht zu vergessen den Schurken.
Du Sohn der Maria, segne mein Feuer.

Keltischer Kerzensegen

Die Flötenmelodie trug sich durch das ganze Tal zwischen den Felsen, hinein in die Tempel und Grabanlagen, hinaus in die von Abendrot beleuchtete Felsenstadt Petra. Wir waren allein in dieser Totenstadt. Bis zu diesem Zeitpunkt hatte ich noch nie einer Ahnenfeier beigewohnt. Ich lernte neu, dass die Hinwendung zu den Ahnen zum Leben dazugehören muss. An jenem frühen Abend saßen wir beide noch eine ganze Weile bei Kerzenschein und schwiegen, umgeben von den Wänden des Totentempels *Ed-Der*, begleitet von der wärmenden und allmählich hinter den Bergen hinabsteigenden Sonne. Unterschiedlicher konnten wir beide kaum sein: Er ein Beduine, aufgewachsen in der Wüste, ein Muslim; und ich ein Europäer, aufgewachsen in einer Stadt, ein Christ. Wir beide trafen uns und waren nun in einer Feier für seine Ahnen versunken.

An deinem Stern hast du
entzündet mein Licht,
halte nun den Wind fern,
der es löschen will.

Nizami, persischer Mystiker und Dichter im 12. Jahrhundert

Engel

DENN ER HAT SEINEN ENGELN BEFOHLEN

DENN ER HAT SEINEN ENGELN BEFOHLEN ÜBER DIR

Denn er hat seinen Engeln befohlen über dir,
dass sie dich behüten auf allen deinen Wegen,
dass sie dich auf den Händen tragen
und du deinen Fuß nicht an einem Stein stoßest.

Worte: Psalm 91,11–12
Weise: Felix Mendelssohn Bartholdy 1846, Elias op. 70 (MWV A 25)

Felix Mendelssohn Bartholdys Musik zu Psalm 91 ist kein Abendlied, sondern ein Doppelquartett aus seinem Oratorium »Elias«, 1846 uraufgeführt. Und doch führt mich die Musik in einen Raum des Schutzes, in eine Atmosphäre der Stille und Gelassenheit hinein. Darin kann ich behütet sein. Denn Musik ist für mich ein Raum des Friedens. Felix Mendelssohns »Denn er hat seinen Engeln befohlen über dir« gestaltet sich wie ein Schutzsegen, der sich um mich legt.

Brief an meinen Schutzengel

Du leuchtest mir den Weg in der Nacht, mein Schutzengel. Kann es sein, dass ich dich schon einmal gesehen habe? Es war dunkel, und ich musste durch ein Stück Wald gehen. Ich hatte Angst. Ab und zu sah ich ein ganz feines Leuchten, wie von einem Glühwürmchen. Ich wollte es berühren, doch plötzlich war es weg. Aber das Gar-klein-Lichtlein gab mir Mut. Da fing ich an, eine mir vertraute Melodie zu summen. Ich wusste nicht, warum. Die Melodie erzählte von dem Engel, der nachts seine Flügel um mein Bett ausbreitet und mich beschützt. Wenn ich heute das Lied mit der Flöte spiele, gehe ich immer noch wie durch einen dunklen Wald, vor mir das ganz kleine Licht. Vielleicht war es dein Licht …

Dein Schützling

Die Bibel erzählt immer wieder von Engeln. Maler haben diese Geschichten fantasievoll gedeutet, Dichter ihre Erfahrungen mit Engeln geschildert. Heute wie in der Vergangenheit hat die Vorstellung, dass jeder Mensch einen Engel hat, der ihn begleitet und behütet, Mut und Trost gegeben. Der Engel als Bote, als Licht aus Gottes Licht, Glanz aus Gottes Glanz, Klang der Schöpfung und Liebe aus der unendlichen Liebe öffnet den Horizont zu einer weiten Dimension. Sie verbindet den Menschen mit einer Welt, die weit über ihn hinausweist und zugleich zu ihm gehört. Engel können in tausenderlei Gestalt erscheinen, auch in Menschen, die anderen helfen und sie heilen.

Der Schutzengel kann sich dem Einzelnen auf vielfältige Art mitteilen. Dazu laden auch die vier Engelskräfte ein. Sie werden schon in frühen Schriften mit Namen als *Erzengel* genannt: Michael, Gabriel, Raphael und Uriel. In einer Zeit des Umbruchs gab der spanische Gelehrte *Isidor von Sevilla* das Wissen der Antike, das verlorenzugehen drohte, an das kommende Mittelalter weiter. Er erklärt die Namen und das Wirken der vier Engelskräfte: Michael bedeutet: »Wer ist wie Gott?« und wird ausgesandt, wenn jemand auf der Welt von großer Tugend geboren wird. Gabriel bedeutet: die »Kraft Gottes« und wird ausgesandt, um die göttliche Stärke und Macht zu offenbaren. Raphael bedeutet: die »Medizin Gottes« und wird ausgesandt, wo immer ein Werk der Heilung geleistet werden muss. Uriel bedeutet: das »Feuer Gottes« und bringt das göttliche Licht in die Welt.

Der Engel Michael mit silberglänzender Rüstung und dem Schwert in der Hand, Verkörperung göttlichen Lichts und göttlicher Heiligkeit, gilt als Führer der Engellegionen, die gegen das Böse im Himmel und auf Erden kämpfen. Sein Name bedeutet: »Wer ist wie Gott?« Sein Fest (und das der anderen Erzengel) ist im Westen der 29. September, nahe der Tag-und-Nacht-Gleiche des Herbstes. Die Kirche des Ostens feiert die »körperlosen Mächte« am 8. November. Michael ist die leuchtende Gegenkraft gegen den Satan.

Ich bin Michael.
»Wer ist wie Gott?«
Ich bin die Standfestigkeit im Streit,
Ich bin der Mut, wenn alle wanken.
Ich bin die Treue, wenn alle sich verkriechen.
Ich bin der Held, an dem sich die Zaghaften aufrichten.
Ich bin der Wille, der nicht aufgibt.
Ich bin die Klarheit, wenn alles verschwimmt.
Ich bin der rettende Einfall in aussichtsloser Lage.
Ich bin der Unbeugsame, wenn alles vergeblich scheint.
Ich bin der Glaube wider den Augenschein,
Licht in der Dunkelheit,
das rettende Ufer im Sturm.
Wo ich erscheine, müssen die Schatten weichen,
wo ich meine Stimme erhebe, verstummen die Spötter.
Ich bin dein Helfer und Beistand in den Stürmen der Zeit.

ENGEL GABRIEL

Der Name Gabriel heißt: »Gott ist meine Kraft.« Sein alter Gedenktag ist der 24. März, er gilt als Bringer des neu erwachenden Lebens im Frühling und als Geleiter der Kinderseele ins irdische Leben. Seine Gestalt vereint weibliche und männliche Schönheit, er bringt Liebe und Leben und Hoffnung. Der persische Dichter *Rumi* preist ihn als eine »Rose, die aufblüht aus dem geheimen Grund des Herzens«.

Ich bin Gabriel,
»Gott ist meine Kraft.«
Ich bin das leuchtende Farbenspiel der Blumen,
ich bin der Duft der Blüten im Sonnenlicht.
Ich bin der Glanz der Morgenstunde
und die Kraft des erwachenden Frühlings.
Ich bin das Wehen des sanften Windes
und der Gesang der Nachtigall in der Sommernacht.
Ich bin das Lächeln des Kindes, wenn es die Augen aufschlägt.
Wo ich erscheine, beginnt das Leben neu,
taufrisch wie am Morgen der Schöpfung.
Ich bringe dir die Träume vollkommenen Glücks
und die Ahnung eines neuen Anfangs.
Ich bin der Bote von Erneuerung und Schönheit
und der Vision einer besseren Welt.
Ich bin die kleine Schwester Hoffnung.
Ich bin die Rose, die aufblüht
aus dem geheimen Grund deines Herzens.

»Ich bin Raphael, einer der Engel, die die Gebete der From-
men emportragen und damit vor den strahlenden Lichtglanz des Heiligen treten.« Mit diesen Worten offenbart sich
der Engel Raphael selbst am Ende des Buches Tobit, einer
Spätschrift des Alten Testaments. Der Name Raphael bedeutet: »Gott heilt.« Sein alter Gedenktag ist der 24. Oktober.
Raphael trägt einen Beutel oder ein Gefäß bei sich, das Heil-
salbe oder das Wasser des Lebens enthält. Durch seine Weisheit werden dunkle, gefahrvolle Wege zu Wegen zum Heil,
durch seine Weisheit wird Böses verwandelt, bis alle Grund
haben zu Lob, Dank und Freude.

Ich bin Raphael,
»Gott heilt.«
Ich bin der Engel an deiner Seite
bei Tag und bei Nacht,
zu Hause und unterwegs,
in Liebeskummer und Krankheit,
in Verlassenheit und Schmerz,
in Verfolgung und in Trauer.
im Leben und im Sterben.
Du spürst mich oft nicht, doch ich bin da.
Wohin immer du gehst, wohin immer du dich verirrst,
ich bin bei dir.
Ich höre deine Klagen, ich sehe deine Tränen,
ich weiß deinen geheimen Kummer,
ich kenne deine Scham und Schuld.

Ich trage deine Gebete zu Gott.
Ich weiß Auswege aus auswegloser Lage,
ich kenne Heilung von jedem Leiden.
Ich halte und trage dich.
Ich bin nicht dazu da, dir Leid zu ersparen,
sondern dazu, dass du Heilung findest.
Ich bin Bote der höheren Weisheit,
die aus Erfahrung wächst
und dich mit Barmherzigkeit und Liebe auffängt,
so dass auch du barmherzig und voller Liebe wirst.

ENGEL URIEL

In Licht gehüllt, das Licht erschaffend, alles für unser Auge sichtbare Licht übertreffend und überstrahlend. Sein Name bedeutet »Gott ist mein Licht«. Unser Universum, so sagt es die heutige Physik, ist in einer Urexplosion von Feuer und Licht entstanden. Die Lichtgeschwindigkeit ist die durch nichts zu übertreffende Grundkonstante der uns bekannten Welt. Ausdruck zugleich für die Gedankenschnelle des Menschen, wie viel mehr erst für die Gedanken Gottes und seine Boten, die Engel.

Ich bin Uriel,
»Gott ist mein Licht.«
Ich durcheile mit den Strahlen der Sterne das Universum.
Ich erleuchte die Erde,
vor meinem Erscheinen schwinden Schatten und Dunkelheit.
Ich schaffe Leben aus der Nacht.
Ich bin die Heiterkeit und der Humor,
ich bin das weiße Glühen in deinem Geist,
ich bin das Aufblitzen neuer Gedanken,
die Intuition und die göttliche Erleuchtung.
Ich durchglühe das Alte und schaffe Raum für das Neue.
Ich bin die Gegenwart des Himmels in dir,
die Leichtigkeit des Seins,
das Lachen neuschaffenden Geistes.
Ich nehme mich leicht,
und wer sich leicht nimmt,
dem wachsen Flügel aus Licht.

KEIN SCHÖNER LAND IN DIESER ZEIT

Kein schöner Land in dieser Zeit
als hier das unsre weit und breit,
wo wir uns finden
wohl unter Linden
zur Abendzeit.

Da haben wir so manche Stund
gesessen wohl in froher Rund
und taten singen;
die Lieder klingen
im Eichengrund.

Dass wir uns hier in diesem Tal
noch treffen so viel hundert Mal,
Gott mag es schenken,
Gott mag es lenken,
er hat die Gnad.

Nun, Brüder, eine gute Nacht,
der Herr im hohen Himmel wacht!
In seiner Güten
uns zu behüten
ist er bedacht.

Ihr Brüder wisst, was uns vereint,
eine andre Sonne hell uns scheint;
in ihr wir leben,
zu ihr wir streben
als die Gemeind.

Worte: Anton Wilhelm von Zuccalmaglio (1803–1869)
Weise: Volksweise aus dem 18. Jahrhundert,
bearbeitet von Anton Wilhelm von Zuccalmaglio (1840)

In dem Lied »Kein schöner Land in dieser Zeit« geht es um Heimat, um Naturfreude und Gottesvertrauen. Eigentlich dicht an Kitsch. Aber das darf sein. Ich weiß noch, als ich die musikalische Bearbeitung zu diesem Lied schrieb, entdeckte ich in dieser Melodie die Aura eines Wiegenliedes. Ich möchte mich wiegen lassen in meiner abendlichen Rückschau, mich in den Abend hineinträumen lassen mit meinen Gedanken und in meinen Erinnerungen. Eine friedliche Abendstimmung erinnert mich an die biblische Schöpfungsgeschichte. Zu jedem neu geschaffenen Tag steht geschrieben: »Es ward Abend und Morgen, und Gott *sah*, es war gut.« Ich entdecke in diesem Satz zwei Weisheiten. Die erste: Vor dem Morgen wird der Abend als Erster genannt. Das Neue beginnt nicht mit dem Tun, sondern mit der Ruhe der Nacht. Die zweite: Der Verfasser der Schöpfungsgeschichte schreibt nicht, dass Gott *sprach*, sondern dass Gott *sah*. Auch für mich ist es wichtig, am Abend sehen zu können: »Und siehe, es war gut.« Der Abend ist nicht der Zeitpunkt, große Reden zu schwingen. Es ist die Zeit, zurückzuschauen auf das Tagewerk. Und dann am nächsten Morgen kann ich sprechen: »Es soll werden!« Der Abend ist für mich der Moment, um meine Seele zu stimmen – für den Morgen, für das Neue, für das Leben, für die Überraschung.

Möge dein Leben sein wie ein Baum,
gepflanzt an einem Bach,
mit starken Wurzeln.
Mögest du im Wind des Lebens
stehen wie ein Baum
mit kräftigem Stamm.
Mögest du die Frucht deiner Tage
tragen wie ein Ast
aus Gottes Fülle.
Möge dein Glück als Segen
fallen wie ein Samen
auf gute Erde.

Da wächst ein Baum. Ganz langsam. Wenn er blüht, singen allerlei Vögel in seiner herrlichen Krone, seine Freundinnen und Freunde. Der Baum merkt sich jeden Ton und bewahrt ihn in den Ringen seines Stammes und seiner Äste. So hat der Baum, wenn es Winter wird und die Vögel stumm geworden und fortgeflogen sind, viele Töne für seine Träume.

Reich ist der Baum und fest, wenn man ihn fällt. Für eine lange Zeit wird sein Stamm an frischer Luft gelagert, damit das Holz beim Austrocknen nicht rissig wird, sondern atmet und lebt. Eines Tages kommt ein Meister, schneidet eine Holzkante heraus und verwandelt sie in eine Flöte. Heute strömt mein Atem hindurch. Könnte es sein, dass in meinen Melodien die Töne erwachen, die der Baum in seiner Blütezeit von den Vögeln gehört und in seinen Träumen bewahrt hat?

Draußen im Wald,
da habe ich eine Hütte,
niemand weiß davon,
nur du, mein Gott.
Die Esche und die Haselnuss sind meine Wände,
die Baumkrone der Eiche mein Dach,
als Eingang blühen zwei Heidebüsche,
ein Geißblatt rankt über der Tür.
Bei Wind und Wetter
schüttet der Wald seine Nüsse
mitten in meinen Hof
und füttert mein Schwein.
Meine Stube in meiner Hütte,
na ja, die ist gar klein,
darin kann ich mich drehen und wenden,
selbst der kleinste Winkel ist mir vertraut.
Und morgens in der Frühe
sitzt in ihrem schwarzen Kleide
hoch oben auf meinem Giebel eine Amsel,
sie singt und bringt neue Botschaft von dir.
Lieber Gott, segne meine Hütte.

Segenslied eines keltischen Mönches
Nach einer irischen Überlieferung von Hans-Jürgen Hufeisen

Nachtigall

ABENDSTILLE ÜBERALL

ABENDSTILLE ÜBERALL

Abendstille überall,
nur am Bach die Nachtigall
singt ihre Weise
klagend und leise
durch das Tal.

Worte: Fritz Jöde 1887–1970
Weise: Otto Laub 1805–1882

Ein dänischer Bischof, *Otto Laub*, schreibt Mitte des 19. Jahrhunderts einen Kanon:

> Når i bøgenes duftende sal
> alting tier og natten er sval,
> slår end en lille sanger sin trille højt i hal:
> Syng kun ene, du nattergal.

Noch war die deutsche Textfassung zum Abendlied dafür nicht geschaffen. Das geschah nach dem Ersten Weltkrieg durch den Musikpädagogen *Fritz Jöde*:

> Abendstille überall,
> nur am Bach die Nachtigall
> singt ihre Weise
> klagend und leise
> durch das Tal.

Das tut gut, wenn am Abend eine Stimme von dem Baum zu uns schwingt: das Lied der Nachtigall. Reich ist der Gesang, wohltönend und klar. Die Töne werden angereiht und sogar repetiert. Nur die Männchen singen: Im Frühjahr singen sie werbend von Mitternacht bis zum frühen Morgen. In der Brutzeit singen die Männchen womöglich, um das Revier zu verteidigen. Nachtigallen-Männchen lernen ihren Gesang von ganz klein auf und beherrschen um die zweihundert verschiedenen Melodie-Modi, jeder davon hat wenige Sekunden. Ihr Gesang gilt als guttuend, gerade bei Krankheit. Der Name »Nachtigall« leitet sich von ihrem gesanglichen Können ab: Das althochdeutsche *galari* heißt »Singer, Zauberer«, sie ist also unsere »Nachtsängerin.«

Möge der Gesang des Himmels
dich auf Erden mit Kraft umhüllen,
groß und weit spannt sich mein Bogen
aus Klang durch die Zeit.

Möge der Klang meiner Lieder
dir Festigkeit unter die Füße geben,
damit dein Weg dich trägt und führt.

Möge mein Herzschlag dir Mut verleihen
wie Stecken und Stab,
sie halten und schützen.

Und wenn mein Lied
gelassen in den Lüften tanzt,
so ahne,
dass deine Seele wie ein Vogel fliegt.

Als Flötenspieler habe ich schon die unterschiedlichsten Kompositionen zur Nachtigall interpretiert. Für Flötenspieler ist die Musik der Nachtigall fast verpflichtend. Im 17. Jahrhundert wurden in England sogar Kompositionen geschaffen, um Singvögel in ihrer frühesten Lebenszeit in Gesang ausbilden zu können. So war die Anweisung bei der Nachtigall: Sie möge immer in der Nacht die Melodie einer ganz kleinen Flöte (Flageolett) vorgespielt bekommen. Es musste immer die gleiche Flöte und die gleiche Tonfolge sein. Einer dieser Tonfolgen – für eine chinesische Nachtigall – habe ich mit dem Kanon »Abendstille überall« verbunden.

Die Melodie dieses kurzen Liedes hat einen großen Bogen. Der höchste Ton steht auf dem Wort »nur«. Am Anfang der Melodie senkt sich die Melodie zu Boden, der tiefste Ton. Der weitere Verlauf der Töne bewegt sich zwischen dem tiefsten und höchsten Ton, als würde die Nachtigall zwischen Himmel und Erde ihren Gesang ausbreiten. Das Lied folgt dem »Bach« durch das »Tal«. Um den Frieden der Natur nicht zu stören, muss der Gesang »leise« sein. Aber warum »klagend«? Ich vermute, dass *Fritz Jöde* mit der deutschen Textfassung nach dem Ersten Weltkrieg das Lied für eine Jugend schrieb, die ihrer klagenden Stimmung Gehör verschaffen wollte. Das Lied breitete sich sehr schnell aus, viele Liederbücher aus der jugendbewegten Zeit übernahmen es.

Der lieben Sonne Licht und Pracht
hat nun den Tag vollführet,
die Welt hat sich zur Ruh gemacht;
tu, Seel, was dir gebühret,
tritt an die Himmelstür
und bring ein Lied herfür;
lass deine Augen, Herz und Sinn
auf Jesum sein gerichtet hin!

Ihr hellen Sterne leuchtet wohl
und gebet eure Strahlen,
ihr macht die Nacht des Lichtes voll;
doch noch zu tausend Malen
scheint heller in mein Herz
die ewig Himmelskerz,
mein Jesus, meiner Seele Ruhm,
mein Schatz, mein Schutz, mein Eigentum.

Verschmähe nicht dies arme Lied,
das ich dir, Jesu, singe;
in meinem Herzen ist kein Fried,
bis ich es zu dir bringe.
Ich bringe, was ich kann,
ach nimm es gnädig an!
Es ist doch herzlich gut gemeint,
o Jesu, meiner Seelen Freund.

Mit dir will ich zu Bette gehn,
dir will ich mich befehlen;
du wirst, mein Schutzherr, auf mich sehn
zum Besten meiner Seelen.
Ich fürchte keine Not,
auch selber nicht den Tod;
denn wer mit Jesus schlafen geht,
mit Freuden wieder aufersteht.

Ihr Höllengeister, packet euch!
Hier habt ihr nicht zu schaffen.
Dies Haus gehört in Jesu Reich:
lasst es ganz sicher schlafen!
Der Engel starke Wacht
hält es in guter Acht,
ihr Heer und Lager ist mein Schutz,
drum sei auch allen Teufeln Trutz.

Nun, matter Leib, gib dich zur Ruh
und schlafe sanft und stille;
ihr müden Augen, schließt euch zu,
denn das ist Gottes Wille.
Schließt aber dies mit ein:
Herr Jesu, ich bin dein!
So wird der Schluss recht wohl gemacht.
Nun Jesu, Jesu, gute Nacht.

Worte: Christian Scriver (1629 - 1693)
Weise: Johann Sebastian Bach (1685–1750)

Wer nach seinem Herzen lebt,
ist wie die Sonne, die uns wärmt.
Gottes Bild steht ihm vor Augen,
er gleicht dem klaren Kristall.

Segen des Sonnenkreuzes
Übertragen aus dem »Book of Moling«, Irland

Das Lied von der Sonne erinnert mich stets an die Sonnenkreuze, die in Irland stehen. Die irischen Hochkreuze stehen seit Jahrhunderten frei in der Landschaft – auf grünen Wiesen, versteckt in Steingärten, auf Anhöhen, auf Friedhöfen und in alten Klosterruinen. Einzigartig und vollendet sehen sie aus und ganz anders als die Kreuze, die im abendländischen Christentum sonst anzutreffen sind. Das Besondere ist, dass im Zentrum des Kreuzes ein Kreis eingearbeitet ist. Darin verbinden sich zwei Kulturen, die frühe keltische Kultur mit ihrer Stein- und Sonnenverehrung und die junge Zeit des Christentums. In diesen Kreuzen vereinen sich Erde und Kosmos im Ganzheitszeichen des Weltenkreises.

Jedes Mal gehe ich tief zufrieden von solch einem Sonnenkreuz weiter meinen Weg. Tief hat sich ein neues Bild in mir eingeprägt: das Bild der Lebenserneuerung und Lebenserfüllung. Das Licht, die Sonne im Zentrum der Friedensbotschaft, lässt die spirituelle Kraft in mir wachsen. Das Sonnenkreuz lädt ein, nicht bei der Marter und Passion stehenzubleiben, sondern das Bild der Erlösung und Vollendung und Liebe in die Welt zu tragen.

Und noch ein Geheimnis entdeckte ich: Die Sonnenkreuze stehen da, sie sagen nichts, sie tun nichts. Sie sind einfach anwesend. Und das seit Jahrhunderten. Scheinbar nutzlos. Was haben sie schon alles wahrgenommen! Wer ging alles an ihnen vorüber? Was haben Menschen dort abgelegt und möglicherweise an Kraft mitgenommen? Nach längerem Betrachten möchte ich es ihnen gleichtun, nichts sagen und nichts tun, einfach sein, anwesend wie eines der Sonnenkreuze. Was werde ich alles wahrnehmen? Was werde ich ablegen und neu an Kraft gewinnen? Entdecke ich in mir die Sonne, das Licht? Halte ich die Erfahrung mit meinem »Kreuz« aus?

Mit der Zeit kehrt Stille ein. Mein Lauschen wird geschärft. Im Schauen und Lauschen werde ich eins mit dem, was ich wahrnehme, ich vergesse mich darin. Denn tief innen vernehme ich die Musik meines Geistes. Es ist das Heilige in mir, das nie vergeht. Eine unbegrenzte Freiheit zeigt sich mir, zugleich eine Zufriedenheit und tiefe Freude. Dunkel verwandelt sich in mir in Licht. Ein spiritueller Ort der Wandlung. Am Sonnenkreuz stehend mag uns das Sonnensymbol im Schnittpunkt des Kreuzes sagen: Wendet euch allen Himmelsrichtungen zu und schickt eure Gedanken mit den Winden hinaus.

Wir schauen nach Osten, wo der Tag anbricht.
Das Licht erhebt sich vor uns wie ein schimmerndes Juwel.
Wir erwachen und stehen auf aus Nacht und Traum.
Du Stern des Morgens, lass uns das Neue empfangen.

Wir schauen nach Süden, wo der Tag seiner Höhe nah ist.
Aufrecht stehen wir unter deiner Sonne.
Wir sind brennende Funken aus deinem Geist.
Du Glanz des Tages, schenke uns die Kraft der Inspiration.

Wir schauen nach Westen, woher der Abend kommt.
Beim Blick in den Untergang der Sonne
ahnen wir die Kostbarkeit allen Lebens.
Du Stern des Abends, berühre uns mit deinem Glanz.

Wir schauen nach Norden, wo die Nacht tief ist.
Du bist wie ein Fels unter unseren Füßen, der verlässliche Grund.
Wir kommen aus deiner Ruhe und finden am Ende Ruhe in dir.
Du Trost in der Dunkelheit, bleibe nah bei uns.

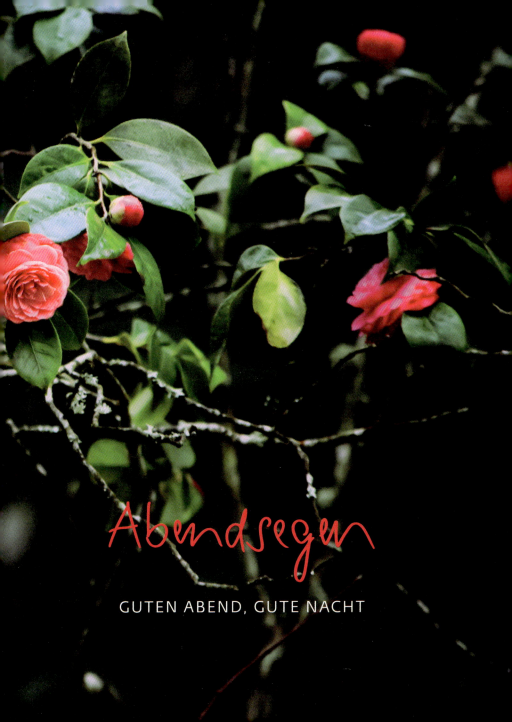

Abendsegen

GUTEN ABEND, GUTE NACHT

GUTEN ABEND, GUT NACHT

Guten Abend, gut Nacht,
mit Rosen bedacht,
mit Näglein besteckt,
schlupf unter die Deck:
Morgen früh, wenn Gott will,
wirst du wieder geweckt.

Guten Abend, gut Nacht,
von Englein bewacht,
die zeigen im Traum
dir Christkindleins Baum.
Schlaf nun selig und süß,
schau im Traum 's Paradies.

Text: Strophe 1 aus »Des Knaben Wunderhorn« 1808,
Strophe 2 von Georg Scherer, 1849
Musik: Johannes Brahms 1868 (in Bonn)

Die erste Strophe des Liedes findet sich in *Clemens Brentanos* und *Achim von Armins* Volkslied-Sammlung »Des Knaben Wunderhorn« (1808). Der Text knüpft an die mittelalterliche Blumensymbolik an: Die »Rose« steht, wie eine schirmende Rosenhecke, für ein schützendes Dach, das sich über dem Einschlafenden ausbreiten soll. Mit den »Näglein« sind Gewürznelken gemeint, deren ätherische Öle als Heilmittel eingesetzt wurden. Sie stehen für die Heilkraft, die den Schlafenden beschirmen und stärken soll. Der Text schließt, indem er den Schlafenden voll Vertrauen in göttliche Hände legt. Die Bilder von der »Rose« und den »Nelklein« als Schlafbeigaben finden sich auch in Liebesbriefen des Mittelalters. War es ursprünglich gar kein Kinder-, sondern ein Liebeslied? Eine zweite Wendung nimmt das Lied durch die erst später (1849) hinzugefügte zweite Strophe, wodurch der Text einen weihnachtlichen Anstrich erhält.

Die Melodie von *Johannes Brahms* fasst es als Wiegenlied, uraufgeführt 1869 in Wien mit *Clara Schumann* am Klavier. Es ist ein Wiegenlied zum Vorsingen beim Einschlafen des Kindes. Wie der Text aus der romantischen Liedersammlung, so geht auch Brahms Melodie zurück auf eine Volkslied-Weise. Für den jüdischen, von Nazi-Deutschland als Zwangsarbeiter missbrauchten Musikwissenschaftler *Ludwig Misch* war es das schönste aller Wiegenlieder.

Rose, oh reiner Widerspruch,
Lust,
Niemandes Schlaf zu sein
unter soviel Lidern.

Rilkes Grabspruch

Die Luft trägt den Duft der Rose wie auch den Ton in der Musik. Beide, der Duft der Rose und der Klang der Musik, umhüllen uns mit einer unsichtbaren Sphäre und können die tiefen Schichten unserer Seele berühren. Fossilfunde zeigen, dass die Rose bereits vor 25 Millionen Jahren in Europa verbreitet war. Solange Europa dicht bewaldet war, beschränkte sich das Vorkommen der Rose auf Felshänge und Küstendünen, mit der Rodung der Wälder verbreitete sich die Rose auch in die Siedlungsgebiete und Waldweiden der Menschen. Schon im zwölften Jahrhundert vor Christus besangen Dichter in Persien die Schönheit der Rose – und von dort wanderte auch das Wort über das Griechische und Lateinische in unsere Sprache. Dabei kann das altiranische Wort auch einfach »Blume« bedeuten: die Rose als Mutter aller Blumen ... Die Rose empfängt uns mit ihrem zarten Duft und erfreut uns mit ihrer vergänglichen Schönheit. Ihre Schönheit erfüllt die Gegenwart mit Glanz, bringt Anmut und Würde zum Vorschein.

Ins Schauen ihrer Schönheit vertieft,
erblicke ich die Schönheit
meines eigenen Wesens.
Von ihrem zarten Duft berührt,
entdecke ich in mir
die Liebeskraft meines Herzens.

Und die Lerche singt noch schöner,
wenn mein Herz die Trommel schlägt.
Sie wird Liebeslieder schreiben
in den Bäumen und am Himmel
für die Hoffnung, die wir brauchen,
um zu singen wie ein Vogel:
Allen soll das Leben blühen.

Den Troubadouren fühle ich mich verwandt. Wie sie reise ich von Ort zu Ort und spiele meine Musik. Ich bringe immer etwas Fernes und Fremdes mit mir. Das ist es ja, was meine Hörer erwarten, nicht das Alltägliche, Bekannte, sondern etwas, das von woanders herkommt und von jenem ersehnten Anderen erzählt, vom Zauber des Leichten und Schönen, von Heilung und Ankommen. Bilder dieser Sehnsucht lasse ich erklingen, spiele von Sternen und Engeln, von Blumen und immer wieder von Vögeln, die sich in die Lüfte schwingen und fortfliegen.

Der Tag ist am Ziel.
Hände handeln, Hände verwandeln
im Weltenspiel.

Die Liebe sieht weit.
Herzen leben, Herzen vergeben
im Fluss der Zeit.

Die Hoffnung hat Raum.
Sorgen fassen, Sorgen entlassen,
traue dem Traum.

Ein Stern zieht vorbei.
Menschen wachen, Menschen erwachen,
das Land wird frei.

Der Morgen wird wahr.
Worte segnen, Worte begegnen,
Zukunft ist da.

Aus der Ruhe der Nacht
wächst ein neuer Tag.

ZU DEN LIEDERN DER CD

Diesem Buch ist eine Audio-CD mit Musikmeditationen
von Hans-Jürgen Hufeisen beigegeben.

Blockflöten: Hans-Jürgen Hufeisen
Akkordeon: Annegret Cratz
Gitarre: Ulf Manú
Blechbläser: Nürnberger Bläserensemble
Streicher: Pegasus Quartett
Cembalo / Flügel: Christof Fankhauser
Flügel: Thomas Strauß – Nr. 2, 6, 8, 10
Percussion: Burhan Öçal

Tonstudios: avalon-music.ch / gammarecording.ch
Cover-Design: Angelika Kraut, Verlag am Eschbach

Titel – instrumental

1.	Sternenglanz – Weißt du, wie viel Sternlein stehen	4:00
2.	Mondnacht – Der Mond ist aufgegangen	3:39
3.	Flügel des Schutzengels – Nun ruhen alle Wälder	3.25
4.	Rosmarienbaum – Ich habe die Nacht geträumet	5:05
5.	Mitte des Schweigens – Hinunter ist der Sonne Schein	5:35
6.	Schutzengel – Denn er hat seinen Engeln befohlen	3:10
7.	Lindenbaum – Kein schöner Land	3:40
8.	Nachtigall zur Abendstille – Abendstille überall	3:46
9.	Vor der Abendsonne – Der lieben Sonne Licht und Pracht	3:35
10.	Mit Rosen bedacht – Guten Abend, gut Nacht	3:35

Gesamtzeit 40 Minuten

he 1066 © und ℗ 2018 dolce musica edizione, Zürich
www.hufeisen.com
LC 10867 / SUISA

HANS-JÜRGEN HUFEISEN

ist Blockflötenspieler, Komponist, Arrangeur, Choreograf: Sein kreatives Schaffen umfasst mehrere Dutzend CDs, die sich vier Millionen Mal verkauft haben, ungefähr vierzig Konzerte pro Jahr und die Durchführung großer Anlässe in verschiedenen Ländern. Seit 1983 schuf er große Bühnenwerke (Musik, Choreografie und Texte) für den Deutschen Evangelischen Kirchentag. In Konzert-Meditationen mit Anselm Grün oder Margot Käßmann begeistert er das Publikum.

Hufeisen, 1954, geboren, wuchs bis 1972 im Kinderdorf Neukirchen-Vluyn auf, studierte Blockflöte, Musikpädagogik und Komposition an der

Folkwang-Musikhochschule Essen und war in den Jahren 1977 bis 1991 als Referent für musisch-kulturelle Bildung der Evangelischen Landeskirche in Württemberg tätig. Seit 1991 arbeitet der Künstler freischaffend und lebt in Zürich. Regelmäßig erscheinen von ihm CDs mit meditativer Musik im Verlag am Eschbach.

Im Internet: www.hufeisen.com

Die zehn Abendlieder aus diesem Buch und weitere sind enthalten in:
Hans-Jürgen Hufeisen

Abendstern

20 Melodiemeditationen zu Abendliedern
Für Blockflöte (oder andere Melodieinstrumente) und Klavier
56 Seiten Klavierstimme und 20 Seiten Einlageheft für Soloinstrument
© Strube Verlag GmbH, München.
Sie sind als einzelne Notenblätter auch zu beziehen unter: www.hufeisen.com

*Von Hans-Jürgen Hufeisen sind im Verlag am Eschbach
in der Reihe »Eine kleine Musik für dich« folgende
Audio-CDs erschienen:*
Einfach Lust auf Leben (857-3)
Einfach träumen (856-6)
Einfach den Bäumen lauschen (660-9)
Einfach das Leben feiern (587-9)
Einfach die Stille hören (586-2)
Einfach aufatmen (446-9)
Einfach dem Stern folgen (680-7)
Engelklänge zu Weihnachten (447-6)
und viele andere

Mit Fotos von:
Eloi_Omella / iStock (Umschlag, CD-Label, S. 2/3, 8/9), **Anton Luhr**
/ imageBROKER / mauritius images (S. 4/5), **Ludwig Mallaun** /mau-
ritius images (S. 14/15), **Bengt Höglund** / Johner / plainpicture (S.
22/23), **Topi Ylä-Mononen** / plainpicture (S. 30/31), **demerzel21** /
iStock (S. 36/37), **Miki Studio** / Fotolia (S. 44/45), **Vapi** / photocase (S.
54/55), **Dmitry Sedakov** / shutterstock (S. 62/63), **mammuth** / iStock
(S. 68/69), **MonnaMoon** / shutterstock (S. 76/77), **Robert Seitz** /
imageBROKER / mauritius images (S. 82/83).

Mit Grafiken von:
Marta Leo / shutterstock (CD-Label, S. 80), **beaubelle** / Fotolia (S. 1,
25, 26, 42, 46, 59, 60, 66), **mhatzapa** / shutterstock (S. 3, 29, 38, 78),
AHAGRI / iStock (S. 3, 10, 29, 35, 41, 49, 51, 71, 87), **Maroshka** /
shutterstock (S. 7), **Anastasia Mazeina** / shutterstock (S. 10, 12/13, 20,
85), **Semiletava Hanna** /shutterstock (S. 17, 19, 35, 64), **fears** / shutterstock (S. 21, 32, 53, 57, 84), **Thoth_Adan** / iStock (S. 72, 75).

ISBN 978-3-86917-679-6
© 2018 Verlag am Eschbach,
ein Unternehmen der Verlagsgruppe Patmos
in der Schwabenverlag AG, Ostfildern
Im Alten Rathaus/Hauptstraße 37
D-79427 Eschbach/Markgräflerland
Alle Rechte vorbehalten.

www.verlag-am-eschbach.de

Gesamtgestaltung: Angelika Kraut, Verlag am Eschbach
Kalligrafierte Schriftzüge: Ulli Wunsch, Wehr
Herstellung: Finidr s. r. o., Český Těšín
Printed in the Czech Republic

 Dieser Baum steht für umweltschonende
Ressourcenverwendung, individuelle Handarbeit
und sorgfältige Herstellung.

Manufakt

MIX
Papier aus verantwor-
tungsvollen Quellen
FSC
www.fsc.org
FSC® C014138